DELICIAS

únicamente deliciosas recetas

INFORMACIÓN GENERAL

El grado de dificultad de las recetas de este libro se
expresa en números del 1(sencillo) al 3 (difícil).

DELICIAS

únicamente deliciosas recetas

pays y tartas

degustis

Tarta de Crema

con cerezas silvestres

Pasta para Tarta Dulce: En un tazón mediano mezcle la harina, sal y azúcar glass. • Integre la mantequilla con ayuda de un mezclador de varillas, cortando hasta que la mezcla parezca migas finas de pan. Agregue la yema y amase ligeramente hasta integrar los ingredientes y obtener una masa firme. Añada suficiente agua para hacer una masa tersa. • Presione para hacer un tronco, envuelva en plástico adherente y refrigere por lo menos durante 30 minutos. • Precaliente el horno a 200°C (400°F/gas 6). • Engrase ligeramente con aceite un molde ondulado para tarta de 23 cm (9 in) con base desmontable. • Para cubrir el molde, extienda la masa y colóquela sobre una superficie de trabajo ligeramente enharinada. Usando un rodillo, extienda la masa hasta dejar 5 cm (2 in) más grande que el molde para tarta. Enrolle la masa holgadamente alrededor del rodillo y desenrolle uniformemente sobre el molde para tarta. Presione la pasta uniformemente alrededor de la base y los lados del molde. Pellizque las orillas para dejarlas 3 mm (⅛ in) arriba de los lados del molde. Pique la base con ayuda de un tenedor. Refrigere durante 30 minutos. • Cubra la corteza para tarta con papel encerado para hornear y llene con pesas para pay o frijoles crudos. • Hornee durante 10 minutos, retire el papel encerado y los frijoles y hornee de 5 a 10 minutos más, hasta dorar ligeramente y que se sienta seca al tacto. Retire del horno y deje enfriar. • Unte uniformemente con la crema pastelera y espolvoree con azúcar glass. • Precaliente el asador de su horno a temperatura alta. • Acomode las cerezas sobre la crema y coloque debajo del asador de 3 a 5 minutos, hasta que el azúcar se caramelice. • Sirva mientras aún esté caliente.

Pasta para Tarta Dulce
1⅓ taza (200 g) de harina de trigo (simple)
¼ cucharadita de sal
⅓ taza (50 g) de azúcar glass
½ taza (125 g) de mantequilla sin sal, cortada en cubos pequeños
1 yema de huevo grande
1 ó 2 cucharadas de agua, según sea necesaria

1 porción de Crema Pastelera de Vainilla (vea página 37), fría
½ taza (75 g) de azúcar glass, para espolvorear
2 tazas (300 g) de cerezas silvestres, sin hueso

RINDE 6-8 porciones

PREPARACIÓN 30 minutos + 30 minutos
para enfriar

COCCIÓN 35-40 minutos

DIFICULTAD grado 2

Tarta de Chabacano

Pasta Quebrada: En el tazón de un procesador de alimentos procese la harina y la sal pulsando brevemente para mezclar. Agregue la mantequilla y pulse alrededor de 10 segundos, hasta que la mezcla parezca migas gruesas de pan. Con el procesador encendido, agregue lentamente el agua necesaria para obtener una masa tersa. • Si mezcla a mano, integre la harina y la sal en un tazón grande o sobre una superficie de trabajo limpia. Use un cortador de varillas para integrar la mantequilla, cortando hasta que la mezcla parezca migas gruesas de pan. Agregue lentamente el agua fría necesaria para obtener una masa tersa. • Presione la masa para hacer una bola y aplane para darle forma de disco. Envuelva en plástico adherente y refrigere por lo menos durante 30 minutos (o hasta por 2 días) antes de extenderla. • Divida la pasta en dos discos, uno ligeramente más grande que el otro. Espolvoree ligeramente una superficie de trabajo con harina y extienda la pieza más grande para cubrir un molde para pay de 23 cm (9 in). Colóquela en el molde enrollándola alrededor de un rodillo enharinado y desenrollándola lentamente sobre el molde. Presione la pasta sobre las orillas y alrededor de la base y lados del molde, dejando caer el sobrante de pasta sobre las orillas del mismo. Pique por todos lados con un tenedor. • Precaliente el horno a 190°C (375°F/gas 5). • Acomode rebanadas del pastel sobre la pasta. Rocíe con el licor y espolvoree con las almendras. Cubra con las mitades de chabacano, colocando la parte cortada hacia abajo. Espolvoree con el azúcar. • Extienda la pasta restante para hacer una hoja cuadrada. Corte en tiras de 5 mm (1/4 in) de ancho. Colóquelas sobre los chabacanos haciendo un diseño a cuadros. Doble la pasta que cuelga en la orilla sobre sí misma para formar una orilla enrollada. • Bata la yema de huevo con ayuda de un tenedor y barnice el pay. • Hornee de 35 a 40 minutos, hasta dorar. • Sirva tibio.

Pasta Quebrada

2½ tazas (375 g) de harina de trigo (simple)

½ cucharadita de sal

⅔ taza (150 g) de mantequilla sin sal

6 u 8 cucharadas de agua con hielo, más la necesaria

Relleno

250 g (8 oz) de pastel esponja o de mantequilla, finamente rebanado

¼ taza (60 ml) de licor Maraschino o Kirsch (licor de cereza)

¼ taza (30 g) de almendras, finamente picadas

500 g (1 lb) de chabacanos pequeños, partidos a la mitad y sin hueso

⅓ taza (75 g) de azúcar superfina (caster)

1 yema de huevo grande

Pay de Manzana

Prepare la pasta. Refrigere durante 30 minutos. • Engrase con mantequilla un molde para pay de 23 cm (9 in) con base desmontable. • Reserve una cuarta parte de la masa. Extienda la masa restante para acomodar en la base y lados del molde dejando que el sobrante de masa cuelgue en las orillas. Refrigere durante 30 minutos.
• Precaliente el horno a 190°C (375°F/gas 5). • Rocíe las manzanas con el jugo de limón. • Extienda una capa de manzana sobre la pasta. Espolvoree con azúcar. Cubra con más manzana. Repita la operación hasta que toda la manzana esté en el molde, reservando una cuchara de azúcar. Rocíe con el brandy, si lo desea. • Use sus manos para extender la masa restante y dele forma de salchichas largas y delgadas. Coloque sobre el relleno haciendo un diseño a cuadros.
• Hornee de 50 a 60 minutos o hasta dorar ligeramente. Después de 40 minutos, espolvoree con el azúcar reservado. • Desprenda y retire los lados del molde. Sirva caliente.

1 porción de Pasta Quebrada
(vea página 6)

4 manzanas medianas, sin piel, descorazonadas y ralladas

3 cucharadas de jugo de limón amarillo recién exprimido

⅓ taza (75 g) de azúcar

2 cucharadas de brandy (opcional)

RINDE 6-8 porciones
PREPARACIÓN 30 minutos + 30
minutos para enfriar
COCCIÓN 40 minutos
DIFICULTAD grado I

Tarta de Pera

Prepare la pasta. Refrigere durante 30 minutos. • Precaliente el horno a 180°C (350°F/gas 4) • Engrase con mantequilla un molde para tarta de 23 cm (9 in) con base desmontable. • Extienda la pasta y úsela para cubrir la base y los lados del molde. Pique con ayuda de un tenedor. • En un tazón pequeño coloque las rebanadas de pera y rocíe con el jugo de limón. • Acomode las rebanadas de pera sobre la pasta. Espolvoree con el azúcar. • Hornee alrededor de 40 minutos, hasta dorar la pasta. • Espolvoree con el azúcar glass y sirva caliente o a temperatura ambiente.

I porción de Pasta Dulce para Tarta (vea página 4)

600 g (I $^1/_4$ lb) de peras, sin piel, descorazonadas y finamente rebanadas

$^1/_4$ taza (60 ml) de jugo de limón amarillo recién exprimido

$^1/_4$ taza (50 g) de azúcar

2 cucharadas de azúcar glass

RINDE 8 porciones
PREPARACIÓN 30 minutos + 1 hora
para enfriar
COCCIÓN 1 hora 40 minutos
DIFICULTAD grado 2

Pay Napolitano

Pasta: En un procesador de alimentos coloque la harina, azúcar y mantequilla; mezcle usando un cortador de varillas hasta dejar como migas de pan. Agregue los huevos y mezcle hasta obtener una masa suave. • Coloque la masa sobre un trozo de plástico adherente. Envuelva la masa y refrigere durante una hora. • Relleno: Escurra el trigo sin procesar y hierva a fuego lento en agua ligeramente salada durante 30 minutos, hasta que esté suave. Escurra perfectamente. • En una olla sobre fuego lento hierva el trigo con la leche y la mantequilla durante 10 minutos. Retire del fuego. • Precaliente el horno a 180°C (350°F/gas 4). • Integre la cáscara cristalizada con la harina e integre con la mezcla de trigo. • En un procesador de alimentos procese el queso ricotta hasta que esté terso. Añada los huevos, uno a la vez, mezclando hasta integrar por completo después de cada adición. Añada la canela, azúcar y agua de flor de azahar. Mezcle hasta integrar por completo. • Pase la mezcla de trigo a un tazón grande. Agregue la mezcla de ricotta y mezcle hasta integrar por completo. • Extienda tres cuartas partes de la pasta sobre una superficie de trabajo ligeramente enharinada hasta dejar de 5 mm (1/4 in) de grueso. • Engrase con aceite un molde profundo para pay de 25 cm (10 in). • Cubra la base y los lados del molde con la pasta. Usando una cuchara pase el relleno a la corteza de pasta. • Extienda la pasta restante y corte en listones de 1.5 cm (1/2 in) de grueso. • Decore el pay haciendo un diseño a cuadros con los listones de pasta. • Hornee alrededor de 1 hora 30 minutos, hasta que esté totalmente cocido y ligeramente dorado. • Deje enfriar en el molde.

Pasta

3 1/2 tazas (500 g) de harina de trigo (simple)

1 taza (200 g) de azúcar granulada

3/4 taza (200 g) de mantequilla, cortada en trozos

2 huevos grandes más 2 yemas de huevo grandes

Relleno

1/2 taza (125 g) de granos de trigo sin procesar, remojados en agua fría durante 12 horas

3/4 taza (200 ml) de leche

1/4 taza (60 g) de mantequilla

1 taza (100 g) de cáscara cítrica cristalizada

1 cucharada de harina de trigo (simple)

750 g (1 1/2 lb) de queso ricotta fresco, escurrido

7 huevos grandes más 3 yemas de huevo grandes

1/4 cucharadita de canela en polvo

2 1/2 tazas (500 g) de azúcar

2 cucharadas de agua de flor de azahar

RINDE 6-8 porciones
PREPARACIÓN 25 minutos + 1 hora
para enfriar
COCCIÓN 30-40 minutos
DIFICULTAD grado 1

Pay de Piña

con ciruelas pasas

Coloque la piña y las ciruelas pasas en un tazón con el brandy o vino Marsala. • Remoje durante una hora. • Prepare la pasta. Deje enfriar durante 30 minutos. • Engrase con mantequilla un molde para tarta de 23 cm (9 in) con base desmontable. • Reserve una cuarta parte de la masa. Extienda la masa restante y cubra la base y los lados del molde preparado. Refrigere durante 30 minutos. • Precaliente el horno a 190°C (375°F/gas 5). • Caliente la jalea y extienda sobre la pasta. Cubra con la mezcla de piña y ciruela pasa. Rocíe con el líquido que quede en el tazón. • Use sus manos para extender la masa restante y darle forma de salchichas largas y delgadas. Coloque sobre la fruta haciendo un diseño a cuadros. • Hornee de 30 a 40 minutos o hasta dorar ligeramente. • Deje enfriar el pay en el molde colocándolo sobre una rejilla de alambre. Desprenda y retire los lados del molde. Sirva caliente o a temperatura ambiente.

4 rodajas de piña (fresca o de lata), finamente picada

180 g (6 oz) de ciruelas pasas, sin hueso y toscamente picadas

1/4 taza de brandy o vino Marsala seco

1 porción de Pasta Quebrada (vea página 6)

1/4 taza (60 g) de jalea de chabacano (mermelada colada)

RINDE 6–8
PREPARACIÓN 30 minutos + 30 minutos para enfriar
COCCIÓN 25-30 minutos
DIFICULTAD grado 1

Tarta de Frambuesa

Prepare la pasta. Refrigere durante 30 minutos. • Engrase con mantequilla un molde para tarta de 23 cm (9 in) con base desmontable. • Extienda la pasta y úsela para cubrir la base y los lados del molde. Pique con ayuda de un tenedor. • Refrigere durante 30 minutos. • Precaliente el horno a 190°C (375°F/gas 5). • Cubra la corteza para tarta con papel encerado para hornear y llene con pesas para pay o frijoles crudos. • Tape con papel aluminio y hornee durante 7 u 8 minutos o hasta dorar ligeramente. Reserve sobre una rejilla de alambre y deje enfriar. • En una olla pequeña sobre fuego bajo caliente la jalea. • Desprenda y retire los lados del molde. Coloque la corteza para tarta sobre un plato de servicio. • Acomode las frambuesas sobre la pasta y bañe con la jalea. • Espolvoree con azúcar glass, si lo desea.

1 porción de Pasta Dulce para Tarta (vea página 4)

1 taza (300 g) de jalea de fresa (mermelada colada)
500 g (1 lb) de frambuesas frescas
1/4 taza (30 g) de azúcar glass (opcional)

RINDE 6-8 porciones

PREPARACIÓN 40 minutos

COCCIÓN 25-30 minutos

DIFICULTAD grado 2

Tarta de Moras

Prepare la pasta. Refrigere durante 30 minutos. • Engrase con mantequilla un molde rectangular para tarta de 32 x 10 cm (13 x 4 in) con base desmontable. • Extienda la pasta sobre una superficie ligeramente enharinada. Acomódela en el molde preparado, cortando las orillas si fuera necesario. • Precaliente el horno a 190°C (375°F/gas 5). • Cubra la corteza para tarta con papel aluminio y llene con pesas para pay o frijoles crudos. • Hornee durante 15 minutos. Retire el papel y los frijoles; hornee entre 8 y 10 minutos más, hasta dorar ligeramente. • Deje enfriar por completo en el molde colocándolo sobre una rejilla de alambre. • Extienda la Crema Pastelera de Vainilla sobre la pasta. Acomode la fruta sobre la crema. En una olla pequeña sobre fuego bajo caliente la mermelada. • Barnice sobre la fruta y sirva.

1 porción de Pasta Dulce para Tarta (vea página 4)

1 porción de Crema Pastelera de Vainilla (vea página 37)

2 tazas (300 g) de moras frescas mixtas

$1/4$ taza de jalea de chabacano (mermelada colada)

RINDE 6-8 porciones
PREPARACIÓN 30 minutos + 1 hora para enfriar
COCCIÓN 20-30 minutos
DIFICULTAD grado 2

Pay de Chocolate
con almendras

En un hervidor doble (baño María) sobre agua hirviendo a fuego lento derrita el chocolate. Reserve. • En un tazón grande mezcle la harina con las almendras, azúcar y sal. Integre la mantequilla y las yemas de huevo con ayuda de una batidora eléctrica a velocidad media. • Con la batidora a velocidad baja, integre la mitad del chocolate. • Forme una bola tersa. Envuelva en plástico adherente y refrigere durante una hora. • Prepare la crema pastelera e integre el chocolate restante.
• Precaliente el horno a 180°C (350°F/gas 4). • Engrase con mantequilla un molde para pay de 23 cm (9 in). Extienda la masa sobre una superficie de trabajo ligeramente enharinada hasta dejar del tamaño del molde. Coloque en el molde y pique con un tenedor.
• Hornee de 20 a 30 minutos o hasta que esté firme. • Deje enfriar la corteza en el molde colocándolo sobre una rejilla. • Rellene con la crema pastelera. • Bata la crema hasta espesar y extiéndala sobre el pay, cubra con el chocolate rallado adicional.

250 g (8 oz) de chocolate oscuro, picado; más el necesario para decorar, rallado

1 ⅓ taza (200 g) de harina de trigo (simple)

1⅓ taza (200 g) de almendras, finamente molidas

½ taza (100 g) de azúcar

½ cucharadita de sal

¾ taza (180 g) de mantequilla, suavizada

3 yemas de huevo grandes

1 porción de Crema Pastelera de Vainilla, fría (vea página 37)

1 taza (250 ml) de crema dulce para batir

RINDE 6-8 porciones

PREPARACIÓN 20 minutos

COCCIÓN 35-40 minutos

DIFICULTAD grado I

Linzertorte

Precaliente el horno a 190°C (375°F/gas 5). • Engrase con mantequilla un molde de 23 cm (9 in) con base desmontable. • En un tazón grande mezcle la harina, azúcar, almendras, canela, nuez moscada y sal. Integre las yemas de huevo, ron y ralladura de limón. Incorpore la mantequilla usando un mezclador de varillas y cortando hasta que la mezcla parezca migas gruesas de pan. • Reserve una cuarta parte de la masa. Extienda la parte más grande de masa sobre una superficie ligeramente enharinada y acomode en el molde. Deje que cuelguen los sobrantes de masa. • Unte la jalea sobre la pasta. • Use sus manos para extender la porción más pequeña de masa y darle forma de salchichas largas y delgadas. Acomode sobre el pay haciendo un diseño a cuadros, sellando perfectamente al doblarla por debajo de las orillas de pasta que cuelgan del molde. • Hornee de 35 a 40 minutos o hasta dorar ligeramente. • Deje enfriar la tarta por completo en el molde colocándolo sobre una rejilla de alambre. Desprenda y retire los lados del molde.

1½ taza (225 g) de harina de trigo (simple)

¾ taza (150 g) de azúcar

½ taza (75 g) de almendras, finamente molidas

½ cucharadita de canela en polvo

½ cucharadita de nuez moscada molida

¼ cucharadita de sal

Yemas de 3 huevos cocidos, machacadas

3 cucharadas de ron

1 cucharada de ralladura fina de limón amarillo

½ taza (125 g) de mantequilla fría, cortada en trozos

⅔ taza (180 g) de jalea de frambuesa (mermelada colada)

RINDE 6-8 porciones
PREPARACIÓN 30 minutos + el tiempo
para preparar la pasta
COCCIÓN 30 minutos
DIFICULTAD grado 1

Tarta de Uva

Prepare la pasta agregando ½ taza (75 g) de almendras molidas mientras amasa. Agregue un poco de agua adicional para obtener la consistencia adecuada. Deje reposar durante 30 minutos. • Precaliente el horno a 180°C (350°F/gas 4). • Engrase con mantequilla un molde para pay de 23 cm (9 in). • Extienda la masa sobre una superficie de trabajo ligeramente enharinada y acomode en el molde, recortando las orillas si fuera necesario. • En una olla sobre fuego medio caliente la mantequilla y saltee las uvas durante 5 minutos. • Aumente el fuego a alto y agregue el azúcar mascabado y el ron. Mezcle hasta integrar por completo y retire del fuego. • Espolvoree la pasta con las migas de galleta. Agregue las uvas y su jugo. Espolvoree con las almendras restantes. • Hornee alrededor de 25 minutos o hasta dorar ligeramente. • Deje enfriar por completo en el molde colocándolo sobre una rejilla de alambre.

1 porción de Pasta Dulce para Tarta (vea página 4)

1 taza (150 g) de almendras, finamente molidas

3 cucharadas de mantequilla

750 g (1 ½ lb) de uvas blancas sin semilla, partidas a la mitad

3 cucharadas compactas de azúcar mascabado

1 cucharada de ron añejo

8 galletas amaretti (galletas de almendra), molidas

RINDE 6-8 porciones

PREPARACIÓN 40 minutos + 2 horas para remojar

COCCIÓN 40 minutos

DIFICULTAD grado I

Pay de Cereza

Relleno: Coloque las cerezas en un tazón y agregue el jugo de limón, azúcar, clavo y canela. Mezcle suavemente y reserve durante 2 horas. • Prepare la pasta. Refrigere durante 30 minutos. • En una olla pequeña coloque la jalea de cereza y agregue el kirsch y la mantequilla. Hierva sobre fuego lento durante 5 minutos y deje reposar para enfriar. • Precaliente el horno a 190°C (375°F/gas 5). • Engrase con mantequilla un molde para tarta de 23 cm (9 in) con base desmontable. • Reserve una cuarta parte de la masa. Extienda la masa restante sobre una superficie ligeramente enharinada y acomode en el molde preparado. Deje que cuelgue el sobrante de masa sobre las orillas del molde. • Extienda la mezcla de jalea sobre la pasta y cubra con las cerezas bien escurridas. • Extienda la masa restante y use una rueda ondulada para cortar la pasta en tiras de 1 cm (½ in) de grueso. Acomode sobre las cerezas para formar un diseño a cuadros. Doble los sobrantes de pasta sobre los extremos de las tiras diseño para formar una orilla gruesa. • Hornee durante 40 minutos o hasta dorar el pay ligeramente. • Sirva tibio.

800 g (1 ¾ lb) de cerezas maduras, sin hueso

Jugo de 2 limones amarillos recién exprimidos

½ taza (100 g) de azúcar

4 piezas de clavo

I raja de canela

I porción de Pasta Quebrada (vea página 6)

1¼ taza (400 g) de jalea de cereza

2 cucharadas de kirsch

⅔ taza (150 g) de mantequilla

Hojaldre de Piña

Precaliente el horno a 200°C (400°F/gas 6). • Prepare un molde para pay de 30 cm (12 in). • En una olla sobre fuego bajo cocine la mantequilla con ¼ taza (50 g) de azúcar y el jugo de limón hasta dorar. • Agregue la piña y hierva a fuego lento alrededor de 10 minutos, hasta que la mezcla esté seca. • Extienda la pasta para hacer dos círculos de 30 cm (12 in). Use un círculo de pasta para cubrir el molde preparado. Pique con ayuda de un tenedor. • En un procesador de alimentos pique finamente los pistaches, soletas y azúcar restante. • Espolvoree esta mezcla sobre la pasta. Cubra con la mezcla de piña. • Pase una rueda para cortar pasta sobre el círculo de pasta restante para dibujar un diseño de telaraña y coloque la pasta sobre la piña. • Barnice la pasta con el huevo. • Espolvoree con el azúcar glass. • Hornee entre 20 y 25 minutos o hasta dorar. • Sirva tibio.

1 cucharada de mantequilla

½ taza (100 g) de azúcar

2 cucharadas de jugo de limón amarillo recién exprimido

1 piña fresca, de aproximadamente 1 kg (2 lb), sin cáscara y finamente picada

500 g (1 lb) de pasta de hojaldre, descongelada

¾ taza (100 g) de pistaches

3 soletas

1 huevo grande, ligeramente batido

2 cucharadas de azúcar glass, para espolvorear

RINDE 6-12 porciones

PREPARACIÓN 50 minutos + el tiempo para
preparar la pasta

COCCIÓN 15 minutos

DIFICULTAD grado 2

Tartas de Frambuesa

Prepare la pasta. Refrigere durante 30 minutos. • Engrase con mantequilla 12 moldes individuales para tarta. • Precaliente el horno a 200°C (400°F/gas 6). • Extienda la masa y acomode en los moldes preparados. Pique con ayuda de un tenedor. • Hornee alrededor de 15 minutos o hasta dorar. Coloque sobre una rejilla de alambre y deje enfriar. • En un procesador de alimentos procese las frambuesas hasta dejar tersas. • Pase a un tazón e integre el azúcar glass, licor, ralladura y jugo de limón, queso ricotta y yogurt. • En una olla pequeña coloque el agua y espolvoree con la grenetina. Deje reposar durante un minuto. Mezcle sobre fuego bajo hasta que la grenetina se haya disuelto por completo. • Incorpore la grenetina con la mezcla de frambuesas y refrigere hasta que espese. • En un tazón mediano, con ayuda de una batidora eléctrica a velocidad media, bata la crema hasta que esté firme. Integre con la mezcla de frambuesa. • Usando una cuchara pase la mezcla de frambuesas a una manga para repostería con una punta sencilla de 5 mm (1/4 in). Presione para colocar la mezcla en las cortezas para tartaleta. Cubra con las frambuesas adicionales. • Refrigere durante una hora antes de servir.

1 porción de Pasta Dulce para Tarta (vea página 4)

1 taza (250 g) de frambuesas más 36 adicionales, para decorar

2/3 taza (10 g) de azúcar glass

1/2 taza (125 ml) de licor de frambuesa (u otro licor de fruta del bosque)

Ralladura y jugo de 1 limón amarillo

2/3 taza (150 g) de queso ricotta

1 taza de yogurt simple

1 1/2 cucharada de grenetina sin sabor

1/4 taza (60 ml) de agua fría

1/2 taza (375 ml) de crema dulce para batir

RINDE 6-8 porciones

PREPARACIÓN 30 minutos + 1 hora
para refrigerar

COCCIÓN 35-40 minutos

DIFICULTAD grado 1

Pay de Pera

En una olla sobre fuego alto coloque las peras con el azúcar, vino y canela; hierva a fuego lento durante 10 minutos. • Deseche el líquido de cocimiento y espolvoree con la cocoa. Deje reposar para que se enfríe. • Pasta: En un tazón mezcle la harina, polenta, azúcar y sal. • Usando un tenedor integre la mantequilla seguida de las yemas de huevo. Trabaje los ingredientes para formar una mezcla que parezca migas finas de pan. Presione para hacer un disco. • Presione dos terceras partes de la pasta sobre la base y lados de un molde para pay de 23 cm (9 in). • Refrigere durante una hora. Envuelva la masa restante con plástico adherente y refrigere. • Precaliente el horno a 200°C (400°F/gas 6). • Espolvoree el pay uniformemente con las migas de galleta y acomode las peras sobre la superficie. • Extienda la masa restante haciendo un círculo ligeramente más grande que el molde para pay. Coloque sobre las peras, pellizcando las orillas de la masa para sellar. Haga algunas perforaciones en la cubierta del pay con ayuda de un pincho para brocheta. • Hornee alrededor de 35 ó 40 minutos, hasta dorar. • Sirva tibio.

Relleno

1 kg (2 lb) de peras firmes para cocer, sin piel, descorazonadas y cortadas en rebanadas delgadas

⅓ taza (70 g) de azúcar

1 ¼ taza (310 ml) de vino tinto seco

Canela en polvo, para espolvorear

2 cucharadas de cocoa en polvo sin endulzar

10 galletas amaretti (galletas de almendra), toscamente molidas

Pasta

1 ⅔ taza (250 g) de harina de trigo (simple)

⅔ taza (100 g) de polenta fina (cornmeal)

⅔ taza (125 g) de azúcar superfina (caster)

Una pizca de sal

⅔ taza (150 g) de mantequilla, cortada en trozos

3 yemas de huevo

RINDE 6-8 porciones
PREPARACIÓN 45 minutos + el tiempo
para preparar la pasta
COCCIÓN 1 hora
DIFICULTAD grado 2

Pay de Arroz con Leche

Prepare la pasta. Refrigere durante 30 minutos. • En una olla de base gruesa sobre fuego medio coloque la leche y una pizca de sal; lleve a ebullición. • Agregue el arroz y hierva sobre fuego bajo, moviendo frecuentemente, hasta que esté cocido. • Integre el azúcar y la ralladura de limón. Reserve para dejar enfriar. • Incorpore las almendras, extracto de almendra y yemas de huevo. • Bata las claras de huevo con una pizca de sal hasta que estén firmes e intégrelas con la mezcla de arroz usando movimiento envolvente. • Precaliente el horno a 180°C (350°F/gas 4). • Engrase con aceite un molde para pay de 25 cm (10 in) con base desmontable. Cubra con la pasta. • Usando una cuchara cubra con la mezcla de arroz. • Hornee alrededor de 40 minutos, hasta cuajar y dorar. Sirva tibio o a temperatura ambiente.

1 porción de Pasta Dulce para Tarta (vea página 4)

4 tazas (1 litro) de leche
Sal
1 ¼ taza (250 g) de arroz de grano corto
⅓ taza (70 g) de azúcar
Ralladura fina de un limón amarillo
¾ taza (120 g) de almendras, finamente picadas
⅛ cucharadita de extracto (esencia) de almendra
4 huevos grandes, separados

RINDE 6-8 porciones
PREPARACIÓN 15 minutos + tiempo para
preparar la pasta
COCCIÓN 40 minutos
DIFICULTAD grado 2

Pay de Limón

Prepare la pasta. Refrigere durante 30 minutos. • Precaliente el horno a 180°C (350°F/gas 4). • Engrase con mantequilla un molde para pay de 25 cm (10 in). • Extienda la masa y acomode sobre la base y lados del molde preparado. Pique por todos lados con ayuda de un tenedor. • Bata las claras de huevo con la sal hasta que estén firmes. • En un tazón bata los huevos enteros con el azúcar hasta obtener una mezcla pálida y cremosa. Agregue las almendras, claras de huevo, mantequilla, ralladura y jugo de limón. • Extienda la mezcla sobre la masa. Hornee alrededor de 40 minutos o hasta dorar. • Cubra con la cáscara cristalizada y espolvoree con un poco de azúcar glass. • Sirva caliente o a temperatura ambiente.

1 porción de Pasta Quebrada (vea página 6)
2 huevos grandes más 2 claras de huevo grandes
Una pizca de sal
1 taza (200 g) de azúcar
1 ½ taza (225 g) de almendras, finamente molidas
⅓ taza (90 g) de mantequilla, derretida
Ralladura fina y jugo de 2 limones amarillos
10 trozos de cáscara cristalizada de limón
Azúcar glass

RINDE 6-8 porciones
PREPARACIÓN 25 minutos + 30 minutos para refrigerar
COCCIÓN 30-35 minutos
DIFICULTAD grado 1

Tarta Sencilla de Fruta

En un tazón mezcle la harina con el azúcar glass. Añada la mantequilla, manteca, yemas de huevo y ralladura de naranja. Trabajando con rapidez, integre usando las yemas de sus dedos. Haga una bola y envuelva en plástico adherente. Refrigere durante 30 minutos.
• Precaliente el horno a 180°C (350°F/gas 4). • Engrase con mantequilla un molde para pay de 23 cm (9 in). • Divida la masa en dos partes, una de las cuales debe quedar del doble de tamaño que la otra. • Extienda la porción más grande y forme un círculo. Cubra el molde con la pasta. Pique perfectamente con un tenedor. • Cubra uniformemente con la jalea. Extienda la pasta restante y corte en tiras. • Decore la superficie de la tarta con las tiras haciendo un diseño a cuadros. • Hornee de 30 a 35 minutos, hasta dorar. Sirva caliente o a temperatura ambiente.

2 tazas (300 g) de harina de trigo (simple)
¾ taza (125 g) de azúcar glass
½ taza (125 g) de mantequilla, suavizada
4 cucharadas de manteca vegetal, suavizada
4 yemas de huevo grandes
1 cucharadita de ralladura fina de naranja
1 taza (300 g) de jalea de frambuesa, fresa o ciruela (o mermelada colada)

RINDE 6-8 porciones

PREPARACIÓN 45 minutos

COCCIÓN 45 minutos

DIFICULTAD grado 1

Pay de Moka

En un tazón mezcle la harina, sal, azúcar y polvo para hornear.
• Usando las yemas de sus dedos, integre la mantequilla con los ingredientes secos. La mezcla resultante deberá parecer migas finas de pan. • Agregue las yemas de huevo y el licor o ron e integre. Trabaje rápidamente para formar una masa tersa. • Relleno: En un tazón mezcle las almendras con el azúcar y cocoa en polvo. • Integre las yemas de huevo y el café batiendo hasta incorporar por completo.
• Precaliente el horno a 180°C (350°F/gas 4). • Engrase con mantequilla un molde para pay de 23 cm (9 in). • Extienda la masa y úsela para forrar la base y los lados del molde preparado. Pellizque alrededor de las orillas para obtener un efecto ondulado. • Usando una cuchara cubra con el relleno. No aplane la superficie. • Hornee de 30 a 35 minutos, hasta dorar. • Sirva tibio.

Pasta

1 ²/₃ taza (250 g) de harina de trigo (simple)

Una espolvoreada de sal

¹/₃ taza (70 g) de azúcar superfina (caster)

2 cucharaditas de polvo para hornear

¹/₂ taza (125 g) de mantequilla, cortada en trozos

2 yemas de huevo grandes

2 cucharadas de licor Sassolino o ron de Jamaica

Relleno

1 ¹/₂ taza (150 g) de almendras tostadas, finamente picadas

³/₄ taza (150 g) de azúcar superfina (caster)

¹/₂ taza (75 g) de cocoa en polvo sin endulzar, cernida

2 yemas de huevo grandes

5 cucharadas de café negro cargado, frío

Pay de Manzana

con yogurt y cerezas

Precaliente el horno a 180°C (350°F/gas 4). • Engrase con mantequilla un molde para pay de 23 cm (9 in) y cubra con papel encerado para hornear. • En un tazón grande mezcle la harina, polvo para hornear y sal. • En otro tazón grande, con ayuda de una batidora eléctrica a velocidad alta, bata los huevos y una taza (200 g) de azúcar hasta obtener una mezcla pálida y cremosa. • Con la batidora a velocidad baja, incorpore gradualmente la mitad del yogurt seguido de los ingredientes secos. • Vierta la mitad de la masa sobre el molde preparado. • Hornee de 10 a 15 minutos. • En una olla pequeña mezcle las cerezas, manzanas, brandy, ron, las 2 cucharadas restantes de azúcar, canela y vainilla. Tape y hierva sobre fuego medio-bajo durante 15 minutos. • Vierta la mezcla de fruta sobre la corteza de pay horneada en blanco. • Usando una cuchara coloque la masa restante sobre la fruta. • Hornee entre 10 y 15 minutos o hasta dorar y que al insertar un palillo en el centro del pay éste salga limpio. • Sirva tibio o a temperatura ambiente acompañando con el yogurt restante a un lado.

2 tazas (300 g) de harina de trigo (simple)

2 cucharaditas de polvo para hornear

$1/8$ cucharadita de sal

3 huevos grandes

1 taza (200 g) más 2 cucharadas de azúcar

2 tazas (500 g) de yogurt simple

2 tazas (200 g) de cerezas, sin hueso

2 manzanas medianas, cortadas en cubos pequeños

1 cucharada de brandy

1 cucharada de ron añejo

$1/4$ cucharadita de canela en polvo

$1/2$ cucharadita de extracto (esencia) de vainilla

RINDE 4-6 porciones
PREPARACIÓN 25 minutos + 30 minutos
para refrigerar
COCCIÓN 25-35 minutos
DIFICULTAD grado 2

Pay de Miel de Abeja
con limón y piñones

Pasta: En un tazón grande mezcle la harina, azúcar y sal. • Integre el huevo y el aceite. Use sus manos para trabajar la masa hasta que esté suave y no se pegue a sus manos. Refrigere durante 30 minutos. • Relleno: Precaliente el horno a 200°C (400°F/gas 6). • En una olla sobre fuego bajo mezcle la miel de abeja con las galletas molidas, almendras piñones, ralladura de limón y mantequilla. • Extienda la masa sobre una superficie ligeramente enharinada haciendo un círculo de 30 cm (12 in) de diámetro. Coloque sobre una charola previamente engrasada con aceite. • Usando una cuchara coloque el relleno sobre la pasta y doble las orillas sobre el relleno haciendo dobleces disparejos. • Hornee entre 25 y 35 minutos o hasta dorar. • Sirva caliente.

Pasta

1 taza (150 g) de harina de trigo (simple)
1/4 taza (50 g) de azúcar
1/4 cucharadita de sal
1 huevo grande
2 cucharadas de aceite de oliva extra virgen

Relleno

1/4 taza (60 g) de miel de abeja
1/2 taza (70 g) de galletas amaretti (galletas de almendras), molidas
1/3 taza (50 g) de almendras, toscamente picadas
2 cucharadas de piñones
1 cucharada de ralladura fina de limón amarillo
1/4 taza (60 g) de mantequilla

RINDE 6-8 porciones
PREPARACIÓN 30 minutos + 1 hora
para enfriar
COCCIÓN 1 hora 15 minutos
DIFICULTAD grado 1

Pay de Natilla

Pasta: En un tazón mezcle la harina, azúcar, mantequilla, huevo y yema de huevo, polvo para hornear, galletas molidas y ron. Use las yemas de sus dedos para integrar estos ingredientes hasta formar una masa firme. • Haga una bola con la mezcla, envuelva en plástico adherente y refrigere durante una hora. • **Natilla:** En una olla coloque la leche y la ralladura de limón. Lleve a ebullición leve. • En otro tazón bata las yemas de huevo con el azúcar e integre la harina. • Retire la ralladura de limón de la leche caliente. Integre gradualmente la leche con la mezcla de huevo. • Pase a la olla y vuelva a poner sobre fuego medio hasta que la natilla espese, moviendo continuamente. • Agregue el extracto de vainilla y la mantequilla; mezcle hasta integrar por completo. Retire del fuego y deje enfriar. • Precaliente el horno a 180°C (350°F/gas 4). • Engrase con mantequilla un molde de 20 cm (8 in) con base desmontable. • Extienda la masa y use dos terceras partes de ella para cubrir la base y los lados del molde. • Cubra con una capa de natilla seguida de una capa de soletas y galletas (ligeramente remojadas en licor Alchermes) y una capa de chocolate. Repita la operación hasta usar todos los ingredientes. • Cubra con la porción restante de pasta. • Pique la superficie con un tenedor. • Hornee de 50 a 60 minutos o hasta dorar ligeramente. • Sirva a temperatura ambiente.

Pasta
1 ⅔ taza (250 g) de harina de trigo (simple)
½ cucharadita de azúcar superfina (caster)
½ taza (150 g) de mantequilla, suavizada
1 huevo entero más 1 yema de huevo
1 cucharadita de polvo para hornear
2 galletas amaretti (galletas de almendra), molidas
1 cucharada de ron

Natilla
1 ¼ taza (300 ml) de leche entera
1 trozo de ralladura de limón
3 yemas de huevo grandes
3 cucharadas de azúcar superfina (caster)
2 cucharadas de harina de trigo (simple)
½ cucharadita de extracto (esencia) de vainilla
1 cucharada de mantequilla

Relleno
10 soletas
15 galletas amaretti (galletas de almendra), molidas
1½ taza (375 ml) de licor Alchermes
300 g (10 oz) de chocolate semiamargo, toscamente rallado

RINDE 6-8 porciones

PREPARACIÓN 30 minutos + 30 minutos
para enfriar

COCCIÓN 30 minutos

DIFICULTAD grado 2

Tarta de Higo a la Crema

Pasta: En un tazón grande mezcle la harina con la sal. • Integre la mantequilla con las yemas de sus dedos, frotándola hasta que la mezcla parezca migas de pan. • Integre las yemas de huevo, azúcar y vainilla mezclando hasta obtener una masa tersa. • Dele forma de bola, envuelva en plástico adherente y refrigere durante 30 minutos. • Precaliente el horno a 200°C (400°F/gas 6). • Crema Pastelera de Vainilla: En una olla grande sobre fuego bajo hierva la leche. • En un tazón grande bata las yemas de huevo, 1 taza (150 g) de azúcar glass y la harina. Vierta la leche, batiendo hasta integrar por compexto. • Vuelva a colocar esta mezcla en la olla y hierva a fuego lento, moviendo constantemente, durante 5 minutos o hasta espesar. • Agregue la vainilla, retire del fuego y deje enfriar. • Engrase con mantequilla un molde de 28 cm (11 in). • Extienda la pasta sobre una superficie enharinada y úsela para cubrir el molde preparado. Pique con un tenedor. • Hornee en blanco durante 20 minutos. • Coloque sobre una rejilla y deje enfriar ligeramente. • Llene con la natilla fría y cubra con los higos. • Espolvoree con el azúcar glass restante. Barnice los higos con la jalea.

Pasta

1 ²/₃ taza (250 g) de harina de trigo (simple)

¹/₄ cucharadita de sal

1 taza (250 g) de mantequilla, cortada en trozos

2 yemas de huevo grandes

¹/₂ taza (100 g) de azúcar

1 cucharadita de extracto (esencia) de vainilla

Crema Pastelera de Vainilla

2 tazas (500 ml) de leche

4 yemas de huevo grandes

1¹/₄ taza (180 g) de azúcar glass

2 cucharadas de harina de trigo (simple)

1 cucharadita de extracto (esencia) de vainilla

8 higos maduros, partidos en rebanadas

3 cucharadas de jalea de chabacano (mermelada colada), caliente

RINDE 6-8 porciones

PREPARACIÓN 50 minutos + 30 minutos
para enfriar

COCCIÓN 40 minutos

DIFICULTAD grado 2

Tarta de Limón
con fresas

Prepare la pasta. Refrigere durante 30 minutos. • Precaliente el horno a 180°C (350°F/gas 4) • Tenga a la mano un molde para pay de 23 cm (9 in) con base desmontable. • Extienda la pasta hasta dejar de 5 mm (1/4 in) de grueso. Acomode en el molde preparado, recortando las orillas sobrantes si fuera necesario. Cubra la corteza de pasta con papel encerado para hornear y llene con frijoles crudos o pesas para pasta. • Hornee de 25 a 35 minutos, hasta dorar. Retire el papel con los frijoles y deje enfriar. • Relleno de Limón: En un hervidor doble (baño María) sobre agua hirviendo a fuego lento bata los huevos, yemas de huevo y azúcar hasta integrar por completo. Cocine sobre fuego bajo, moviendo constantemente con una cuchara de madera, hasta que la mezcla cubra ligeramente una cuchara de metal. • Integre la mantequilla, la ralladura y el jugo de limón. • Sumerja la sartén inmediatamente en un tazón con agua con hielo y revuelva hasta enfriar. • Vierta el relleno en la base de pasta. • Acomode las fresas sobre el relleno. • Espolvoree con el azúcar glass y sirva.

1 porción de Pasta Dulce para Tarta (vea página 4)

Relleno de Limón
1 huevo grande más 5 yemas de huevo grandes
1/2 taza (100 g) de azúcar
1/4 taza (60 g) de mantequilla
Ralladura fina de un limón amarillo
3 cucharadas de jugo de limón amarillo recién exprimido

300 g (10 g) de fresas
1/3 taza (50 g) de azúcar glass, para espolvorear

RINDE 6-8 porciones
PREPARACIÓN 30 minutos + el tiempo
necesario para hacer la pasta
COCCIÓN 40 minutos
DIFICULTAD grado 2

Tarta de Zarzamora

Prepare la pasta. Refrigere durante 30 minutos. • Precaliente el horno a 180°C (350°F/gas 4) • Engrase con mantequilla un molde de 25 cm (10 in) con base desmontable. • En una olla grande mezcle las zarzamoras, 4 cucharadas de azúcar y la mitad de las hojas de menta. Hierva sobre fuego medio durante 15 minutos o hasta que las zarzamoras se hayan suavizado ligeramente. • Extienda la pasta sobre una superficie de trabajo ligeramente enharinada y úsela para cubrir el molde preparado. • Espolvoree con las avellanas y cubra con las zarzamoras. • En un tazón grande, con ayuda de una batidora eléctrica a velocidad alta, bata el huevo, azúcar restante y crema hasta obtener una mezcla pálida y espesa. Vierta la mezcla sobre las zarzamoras. • Hornee alrededor de 40 minutos o hasta que esté firme. • Adorne con las hojas restantes de menta y sirva a temperatura ambiente.

1 porción de Pasta Quebrada (vea página 6)

500 g (1 lb) de zarzamoras
½ taza (100 g) de azúcar
De 12 a 16 hojas de menta o hierbabuena fresca
1 taza (100 g) de avellanas, picadas
1 huevo grande
3 cucharadas de crema dulce para batir

DIFICULTAD 6-8 porciones

PREPARACIÓN 1 hora

COCCIÓN 1 hora 30 minutos

DIFICULTAD grado 2

Pay de Cebada y Ciruela

Prepare la pasta. Refrigere durante 30 minutos. • Hierva la cebada en agua con sal alrededor de 40 minutos, hasta que esté suave.
• Precaliente el horno a 180°C (350°F/gas 4) • Engrase con mantequilla un molde para pay de 25 cm (10 in). • Escurra la cebada. Agregue la leche y la vainilla; continúe cocinando hasta que todo el líquido se haya absorbido. Retire del fuego. • Añada el azúcar. Agregue las yemas de huevo, una a la vez, batiendo vigorosamente hasta incorporar por completo. • Cocine las ciruelas con el azúcar mascabado y jugo de limón, moviendo ocasionalmente, hasta que estén suaves pero aún intactas. • Extienda la pasta y acomódela en el molde preparado. • Llene con la mezcla de cebada, extendiéndola uniformemente. Cubra con las ciruelas. • Hornee de 35 a 45 minutos, hasta que la pasta esté dorada. • Sirva caliente.

1 porción de Pasta Dulce para Tarta (vea página 4)
½ taza (100 g) de cebada perla
Sal, para espolvorear
1 taza (250 ml) de leche
1 vaina de vainilla
4 cucharadas de azúcar
4 yemas de huevo grandes
500 g (1 lb) de ciruelas, sin hueso y rebanadas
1 taza compacta (200 g) de azúcar mascabado
Jugo de ½ limón amarillo recién exprimido

RINDE 6-8 porciones

PREPARACIÓN 35 minutos + 1 hora para enfriar

COCCIÓN 20-25 minutos

DIFICULTAD grado 1

Tarta de Chocolate

Pasta: En un tazón pequeño mezcle las yemas de huevo con la vainilla.
• En un procesador de alimentos procese las almendras con el azúcar glass. • Agregue la harina y pulse hasta integrar por completo. • Añada la mantequilla y procese durante 10 segundos. • Agregue las yemas de huevo y procese hasta que se empiece a formar una masa firme.
• Haga una bola con la masa, envuelva en plástico adherente y refrigere durante una hora. • Precaliente el horno a 190°C (375°F/gas 5). • Engrase con mantequilla un molde de 25 cm (10 in) con base desmontable. • Extienda la pasta sobre una superficie de trabajo ligeramente enharinada y úsela para cubrir el molde preparado.
• Relleno: En una olla grande hierva la leche con la crema. • Retire del fuego y agregue el chocolate, mezclando constantemente, hasta que se derrita por completo. • Vierta el relleno sobre la corteza de pasta.
• Hornee entre 20 y 25 minutos o hasta que el relleno esté firme y la pasta esté dorada. • Sirva a temperatura ambiente.

Pasta
2 yemas de huevo grandes
1 cucharadita de extracto (esencia) de vainilla
$1/3$ taza (50 g) de almendras, finamente molidas
1 taza (125 g) de azúcar glass
$1 \ 1/3$ taza (125 g) de harina de trigo (simple)
$1/2$ taza (125 g) de mantequilla

Relleno
3 tazas (750 ml) de leche
1 cucharada de crema dulce para batir
250 g (8 oz) de chocolate oscuro (70% de sólidos de cacao), toscamente picado

RINDE 6-8 porciones

PREPARACIÓN 20 minutos

COCCIÓN 30-35 minutos

DIFICULTAD grado 1

Hojaldre de Manzana

Precaliente el horno a 200°C (400°F/gas 6). • Engrase con mantequilla una charola para hornear. • Reserve una cuarta parte de la pasta de hojaldre y extienda la pasta restante sobre una superficie ligeramente enharinada para cubrir la base y los lados de la charola preparada. Pique por todos lados con ayuda de un tenedor. • En un tazón grande mezcle el puré de manzana, azúcar, ralladura de limón y canela. Extienda uniformemente sobre la pasta. • Extienda la masa restante y corte en tiras largas. Acomode las tiras sobre el relleno de manzana haciendo un diseño a cuadros y sellando las tiras con las orillas de la pasta. Barnice la pasta con yema de huevo. • Hornee de 30 a 35 minutos o hasta dorar. • Espolvoree con azúcar glass. Sirva caliente.

500 g (1 lb) de pasta de hojaldre, descongelada

1 frasco (450 g/16 oz) de puré de manzana sin endulzar o la misma cantidad de manzanas cocidas sin endulzar

$1/3$ taza (70 g) de azúcar

1 cucharada de ralladura fina de limón amarillo

1 cucharadita de canela en polvo

1 yema de huevo grande, ligeramente batida

$1/4$ taza (30 g) de azúcar glass

RINDE 6-8 porciones
PREPARACIÓN 40 minutos + 30 minutos para enfriar
COCCIÓN 50 minutos
DIFICULTAD grado 2

Tarta de Espelta
con frambuesas

Pasta: En un tazón grande mezcle la espelta con la mantequilla, azúcar y vino hasta formar una masa. • Haga una bola con la masa, envuelva en plástico adherente y refrigere durante 30 minutos. • Precaliente el horno a 200°C (400°F/gas 6). • Extienda la masa sobre una superficie ligeramente enharinada hasta dejar de 5 mm (¼ in) de grueso. • Use la pasta para forrar un molde poco profundo de 28 x 18 cm (11 x 7 in). Pique por todos lados con ayuda de un tenedor. • Cubra con papel aluminio y llene con pesas para pay o frijoles crudos. • Hornee durante 20 minutos. • Retire el papel aluminio y los frijoles. • Relleno: En un tazón grande mezcle la crème fraîche con los huevos, azúcar y canela. • Usando una cuchara pase el relleno a la corteza de pasta. • Hornee entre 20 y 30 minutos o hasta que esté firme. • Deje enfriar por completo. • Acomode las frambuesas sobre el relleno y espolvoree con el azúcar glass.

Pasta
1 ⅔ taza (250 g) de espelta (escanda-trigo), finamente molida
½ taza (125 g) de mantequilla
2 cucharadas de azúcar
2 cucharadas de vino blanco seco

Relleno
¾ taza (180 ml) de crème fraîche o crema ácida
3 huevos grandes
½ taza (100 g) de azúcar
1 cucharadita de canela en polvo
400 g (14 oz) de frambuesas, limpias
1 cucharada de azúcar glass

RINDE 6-8 porciones
PREPARACIÓN 45 minutos + 1 hora
para enfriar
COCCIÓN 45 minutos
DIFICULTAD grado 2

Tarta de Limón

Prepare la pasta. Refrigere durante 30 minutos. • Precaliente el horno a 180°C (350°F/gas 4) • Engrase con mantequilla un molde de 23 cm (9 in) con base desmontable. • Relleno de Limón: En una olla mediana sobre fuego medio derrita la mantequilla e integre la harina. • Retire del fuego e integre gradualmente el jugo de limón, leche y azúcar. Vuelva a colocar sobre el fuego y lleve a ebullición. Hierva sobre fuego medio durante 1 ó 2 minutos moviendo constantemente. • Extienda tres cuartas partes de la pasta sobre una superficie de trabajo ligeramente enharinada hasta dejar de 1 cm ($\frac{1}{2}$ in) de grueso y úsela para cubrir el molde preparado. • Vierta el relleno sobre la corteza de pasta. • Extienda la masa restante y corte en tiras delgadas. Acomode las tiras sobre el relleno haciendo un diseño a cuadros. • Hornee alrededor de 45 minutos o hasta que el relleno esté firme y la pasta se haya dorado ligeramente. • Sirva a temperatura ambiente.

1 porción de Pasta Quebrada (vea página 6)

Relleno de Limón
$\frac{1}{4}$ taza (60 g) de mantequilla
2 cucharadas de harina de trigo (simple)
Jugo de 3 limones amarillos recién exprimidos
2 tazas (500 g) de leche
$\frac{1}{2}$ taza (100 g) de azúcar

RINDE 6-8 porciones
PREPARACIÓN 40 minutos + 30 minutos
para enfriar
COCCIÓN 20-25 minutos
DIFICULTAD grado 2

Tart Tatin de Cereza

En un tazón mezcle la harina con el azúcar. • Usando un cortador de varillas integre ⅓ taza (90 g) de la mantequilla. • Agregue las yemas de huevo y la ralladura de limón para hacer una masa tersa, amasando lo menos posible de manera que no se derrita la mantequilla. • Dele forma de bola, envuelva en plástico adherente y refrigere durante 30 minutos. • Precaliente el horno a 200°C (400°F/gas 6). • Use la mantequilla restante para engrasar un molde para pay de 25 cm (10 in) con base desmontable. Espolvoree con el azúcar glass para cubrir uniformemente la base del molde. Acomode las cerezas en el molde preparado, poniendo el lado cortado hacia abajo. • Extienda la masa sobre una superficie ligeramente enharinada haciendo un círculo de 25 cm (10 in). Coloque la masa suavemente sobre las cerezas. • Hornee entre 20 y 25 minutos o hasta dorar ligeramente. • Deje enfriar en el molde durante 5 minutos. • Desmolde cuidadosamente, colocando el lado de las cerezas hacia arriba, sobre un platón de servir y deje enfriar por completo. • En un tazón grande bata la crema hasta que espese. • Usando una cuchara pase la crema a una manga para repostería adaptada con una punta en forma de estrella y presione para decorar la superficie de la tarta con la crema batida.

1⅓ taza (200 g) de harina de trigo (simple)
⅓ taza (70 g) de azúcar
½ taza (125 g) de mantequilla, suavizada
2 yemas de huevo grandes
Ralladura fina de un limón amarillo
400 g (14 oz) de cerezas maduras, sin hueso ni tallo y partidas a la mitad
½ taza (75 g) de azúcar glass
¾ taza (200 ml) de crema dulce para batir

RINDE 6-8 porciones

PREPARACIÓN 45 minutos + el tiempo
necesario para dejar reposar la pasta

COCCIÓN 40 minutos

DIFICULTAD grado 2

Pay de Manzana
con cubierta caramelizada

Prepare la pasta. Refrigere durante 30 minutos. • Precaliente el horno a 180°C (350°F/gas 4) • Engrase con mantequilla un molde de 25 cm (10 in). • En una olla mediana sobre fuego medio-bajo derrita la mantequilla. Agregue las manzanas y cocine con el jugo de limón y la mitad del azúcar mascabado hasta suavizar ligeramente. • Extienda la pasta y úsela para forrar el molde preparado. • Pique la base con ayuda de un tenedor. • Hornee durante 30 minutos o hasta dorar. • Extienda la crema pastelera sobre la pasta y cubra con las manzanas. • Espolvoree con el azúcar mascabado restante y coloque el pay debajo del asador de su horno hasta que el azúcar se haya caramelizado. Sirva caliente.

1 porción de Pasta Quebrada (vea página 6)

$\frac{1}{3}$ taza (90 g) de mantequilla

1 kg (2 lb) de manzanas golden delicious, sin piel y partidas en dados

Jugo de $\frac{1}{2}$ limón amarillo recién exprimido

1 taza compacta (150 g) de azúcar mascabado

1 porción de Crema Pastelera de Vainilla (vea página 37)

RINDE 6-8 porciones
PREPARACIÓN 30 minutos + 12 horas para remojar
COCCIÓN 30-35 minutos
DIFICULTAD grado 3

Tarta de Coco

En un tazón mediano coloque el coco y $\frac{1}{4}$ taza (60 ml) de agua. Reserve durante 12 horas. • Prepare la pasta. • Presione sobre un molde de 23 cm (9 in) con base desmontable. Pique con ayuda de un tenedor. Refrigere durante 30 minutos. • Precaliente el horno a 190°C (375°F/gas 5). • Hornee, cubriendo con papel aluminio, durante 20 minutos. Retire el papel aluminio y deje enfriar por completo en el molde. • Relleno: En una olla bata las yemas de huevo, harina, azúcar y sal. • En otra olla sobre fuego medio hierva la leche. Agréguela gradualmente a la mezcla de huevo. Coloque la olla sobre fuego bajo y mezcle hasta que espese. Añada el agua de azahar. • Vierta sobre la corteza de pasta. • Cubierta: En una olla hierva el agua restante con el azúcar durante 2 minutos. Añada el coco preparado y el jugo de limón; cocine durante 2 minutos, moviendo a menudo. • Extienda sobre el relleno. Hornee entre 10 y 15 minutos o hasta dorar. • Deje enfriar la tarta por completo en el molde. Desprenda y retire los lados del molde para servir.

Cubierta
1 taza (150 g) de coco rallado
1 $\frac{2}{3}$ taza (400 ml) de agua
$\frac{1}{4}$ taza (50 g) de azúcar
1 cucharada de jugo de limón amarillo recién exprimido

1 porción de Pasta para Tarta Dulce (vea página 4)

Relleno
3 yemas de huevo grandes
1$\frac{1}{4}$ oz de harina de trigo (simple)
$\frac{1}{3}$ taza de azúcar granulada
1$\frac{1}{4}$ taza de leche
2 cucharadas de agua de azahar
$\frac{1}{4}$ cucharadita de sal

Pay de Fruta Seca

Prepare la pasta. • Presione sobre un molde de 23 cm (9 in) con base desmontable. Pique con ayuda de un tenedor. Refrigere durante 30 minutos. • Precaliente el horno a 200°C (400°F/gas 6). • Integre las yemas de huevo con el relleno de limón y extienda sobre la corteza. • Acomode los chabacanos y las ciruelas de manera decorativa sobre la crema. Espolvoree con azúcar. • Hornee entre 30 y 35 minutos o hasta dorar ligeramente. • Sirva tibio.

1 porción de Pasta Dulce para Tarta (vea página 4)

3 yemas de huevo grandes
1 porción de Relleno de Limón (vea página 51)
1 taza (150 g) de chabacanos secos
1 taza (150 g) de ciruelas pasas sin hueso
1/4 taza (50 g) de azúcar

RINDE 8-10 porciones

PREPARACIÓN 30 minutos

COCCIÓN 40 minutos

DIFICULTAD grado 2

Pay de la Abuela

Precaliente el horno a 180°C (375°F/gas 4). • Engrase con mantequilla un molde para pay de 25 cm (10 in). • Bata la mantequilla con el azúcar con ayuda de una batidora eléctrica a velocidad media, hasta obtener una mezcla pálida y cremosa. Agregue los huevos, uno a la vez, mezclando sólo hasta integrar después de cada adición.
• Con la batidora a velocidad baja, integre gradualmente la harina y el polvo para hornear. • Divida la masa a la mitad y extienda para hacer dos círculos. • Coloque un círculo en el molde preparado para pay y cubra con la crema pastelera, dejándola ligeramente más alta en el centro del molde. • Cubra con el otro círculo de pasta y presione las orillas para sellar. • Hornee alrededor de 40 minutos, hasta dorar ligeramente. • Deje enfriar el pay en el molde colocándolo sobre una rejilla de alambre. Adorne con las almendras y espolvoree con el azúcar glass justo antes de servir.

½ taza (125 g) de mantequilla
¾ taza (150 g) de azúcar
2 huevos grandes
1 ⅔ taza (250 g) de harina de trigo (simple)
1 cucharadita de polvo para hornear
1 porción de Crema Pastelera de Vainilla (vea página 37)
2 cucharadas de almendras
Azúcar glass, para espolvorear

RINDE 8-10 porciones

PREPARACIÓN 1 hora

COCCIÓN 30-40 minutos

DIFICULTAD grado 2

Pay de Crema de Vainilla

Prepare la pasta. Refrigere durante 30 minutos. • Corte el pastel horizontalmente a la mitad. • Prepare la crema pastelera. • Precaliente el horno a 190°C (375°F/gas 5). • Engrase con mantequilla un molde para pay de 25 cm (10 in). • Extienda dos terceras partes de la pasta sobre una superficie de trabajo ligeramente enharinada. Cubra el molde para pay con la pasta. • Coloque una capa del panqué en la base del molde. Cubra con la mitad de la crema pastelera. Cubra con otra capa de panqué y con la crema pastelera restante. • Extienda la pasta restante haciendo una hoja cuadrada. Use una rueda ondulada para cortar en tiras de 1 cm ($\frac{1}{2}$ in) de grueso. Coloque las tiras sobre el pay haciendo un diseño a cuadros. Doble la pasta que cuelga de las paredes del molde sobre los extremos de las tiras para formar una orilla enrollada. • Hornee alrededor de 40 minutos, hasta que la pasta se dore. • Decore con las cerezas y sirva tibio.

1 porción de Pasta Quebrada
  (vea página 6)
1 panqué o pastel esponja comprado de
  25 cm (10 in) de diámetro
1 porción de Crema Pastelera de Vainilla
  (vea página 37)
De 12 a 16 cerezas amarene o cerezas
  ácidas, para decorar

RINDE 6 porciones
PREPARACIÓN 30 minutos + 30
minutos para enfriar
COCCIÓN 30 minutos
DIFICULTAD grado 2

Hojaldre de Naranja

Precaliente el horno a 180°C (350°F/gas 4). • Engrase con mantequilla un molde para pay de 25 cm (10 in). • Acreme la mantequilla con el azúcar morena. • Extienda la mezcla de mantequilla sobre la base del molde preparado. Refrigere durante 30 minutos. • Acomode las rebanadas de naranja sobre la base de mantequilla y azúcar de manera que se traslapen una sobre otra ligeramente. • Cubra con un círculo de pasta de hojaldre finamente extendida. Pique la superficie con ayuda de un tenedor. • Hornee alrededor de 30 minutos, hasta dorar la pasta. • Desmolde sobre un platón de servicio. • Si la superficie no está bien caramelizada, coloque el pay debajo del asador de su horno durante unos cuantos minutos.

$^{1}/_{4}$ taza (60 g) de mantequilla
4 cucharadas de azúcar morena
1 naranja grande con cáscara, muy
finamente rebanada
250 g (8 oz) de pasta de hojaldre,
descongelada

Índice

Derechos registrados ©2009 por McRae Books Srl

Primera edición en inglés publicada en 2009

Derechos reservados/ All rights reserved.

Ninguna parte de este libro se puede reproducir de ninguna manera sin la autorización previa por escrito del editor y dueño de los derechos registrados.

Importado, editado y publicado por primera vez en México en 2009 por/ Imported, edited and published in Mexico in 2009 by: Advanced Marketing S.de R.L. de C.V. Calzada San Francisco Cuautlalpan No.102 Bodega "D" Col. San Francisco Cuautlalpan, Naucalpan Edo. de México C.P. 53569

Título Original/ Original Title: Pies & Tarts, Pays y Tartas

Creado y producido por McRae Books Srl

Via del Salviatino 1 – 50016 Fiesole, (Florence) Italy

Editores: Anne McRae and Marco Nardi

Directora de Proyecto: Anne McRae

Diseño: Sara Mathews

Texto: archivo de McRae books

Edición: Carla Bardi

Fotografía: Studio Lanza (Lorenzo Borri, Cristina Canepari, Ke-ho Casati, Mauro Corsi, Gil Gallo, Leonardo Pasquinelli, Gianni Petronio, Stefano Pratesi, Sandra Preussinger)

Administrador: Bendetto Rillo

Corredor de Arte: McRae Books

Layouts: Aurora Granata, Filippo Delle Monache, Davide Gasparri

Repro: Fotolito Raf, Florencia

Traducción/ Translation: Laura Cordera L., Concepción O. de Jourdain

ISBN 978-970-718-848-8

Fabricado e impreso en China el 2 de marzo 2009 por/ Manufactured and printed in China on March 2nd, 2009 by: C&C Joint Printing (China) Co. Ltd., 3333 Cao Ying Road, 201700 Quingpu, Shanghai.